화엄경 제9권 해설

화엄경 제9권에는 화장세계품 2가 있다.

무변묘화광 향수해 동쪽에는 이구염장세계가 있다. 그 위에 변조찰, 그 밑에 궁전장엄, 그 위에 덕화장·묘생광명, 그 위에 4불찰 일체향마니 연화종이 있고 그 속에 선개복·시이·보연화·무구염장·묘범음·미진수·보색·금색·변조·보장·여경·전단·이구광·묘화·승음·고승 등 20불찰 세계(pp.1~19)가 있으며, 다시 그 남쪽에 연화광·수미보등 등 20불찰 미진 세계(pp.20~28)가 있고, 외쪽 中·下 세계에 무구·무애자재 등 20불찰 미진세계(pp.29~36)가 있으며, 또 오른쪽 하방세계에 연화당·무상혜 등 20불찰 미진세계(pp.37~46)가 있고, 또 위 아래로 대복운 무진력불 세계와 부사의 공덕불 등 각 20불찰 미진수 세계(pp.47~64)가 있다고 밝혔다.

그리고 다시 인드라망 향수해 오른쪽으로부터 상·하에도 똑 같은 20불 세계(pp.82~99)가 있음을 밝혔다. 요즈음 말로 하면 지구 밖에 해왕성·토성 등 여러 별들 세계가 있고, 그것들이 한데 모여 하나의 큰 태양계를 이루고, 다시 그 태양계들이 여러 개 모여 하나의 은하계를 형성한 뒤 끝없이 퍼져나간다는 말이다.

其 기	尼 니	焰 염	水 수	言 언		
上 상	王 왕	藏 장	海 해	諸 제	爾 이	華 화
名 명	妙 묘	出 출	東 동	佛 불	時 시	藏 장
徧 변	莊 장	大 대	次 차	子 자	普 보	世 세
照 조	嚴 엄	蓮 연	有 유	此 차	賢 현	界 계
刹 찰	有 유	華 화	香 향	無 무	菩 보	品 품
旋 선	世 세	名 명	水 수	邊 변	薩 살	
以 이	界 계	一 일	海 해	妙 묘	復 부	第 제
菩 보	種 종	切 체	名 명	華 화	告 고	五 오
薩 살	而 이	香 향	離 리	光 광	大 대	之 지
行 행	住 주	摩 마	垢 구	香 향	衆 중	二 이

照 조	遶 요	覆 부	寶 보	殿 전		吼 후
	純 순	其 기	莊 장	莊 장	此 차	音 음
	一 일	上 상	嚴 엄	嚴 엄	中 중	爲 위
	淸 청	佛 불	海 해	幢 당	最 최	體 체
	淨 정	刹 찰	住 주	其 기	下 하	
	佛 불	微 미	蓮 연	形 형	方 방	
	號 호	塵 진	華 화	四 사	有 유	
	眉 미	數 수	光 광	方 방	世 세	
	間 간	世 세	網 망	依 의	界 계	
	光 광	界 계	雲 운	一 일	名 명	
	徧 변	圍 위	彌 미	切 체	宮 궁	

此(차) 上(상) 過(과) 佛(불) 刹(찰) 微(미) 塵(진) 數(수) 世(세) 界(계)
有(유) 世(세) 界(계) 名(명) 德(덕) 華(화) 藏(장) 其(기) 形(형) 周(주) 圓(원)
依(의) 一(일) 切(체) 寶(보) 華(화) 蘂(예) 海(해) 住(주) 眞(진) 珠(주) 幢(당)
師(사) 子(자) 座(좌) 雲(운) 彌(미) 覆(부) 其(기) 上(상) 二(이) 佛(불) 刹(찰)
微(미) 塵(진) 數(수) 世(세) 界(계) 圍(위) 遶(요) 佛(불) 號(호) 一(일) 切(체)
無(무) 邊(변) 法(법) 海(해) 慧(혜)
此(차) 上(상) 過(과) 佛(불) 刹(찰) 微(미) 塵(진) 數(수) 世(세) 界(계)

有 유		遶 요	其 기	海 해	如 여	有 유
世 세	此 차	佛 불	上 상	住 주	金 금	世 세
界 계	上 상	號 호	三 삼	種 종	剛 강	界 계
名 명	過 과	功 공	佛 불	種 종	依 의	名 명
妙 묘	佛 불	德 덕	刹 찰	莊 장	一 일	善 선
色 색	刹 찰	相 상	微 미	嚴 엄	切 체	變 변
光 광	微 미	光 광	塵 진	圓 원	寶 보	化 화
明 명	塵 진	明 명	數 수	光 광	莊 장	妙 묘
其 기	數 수	普 보	世 세	雲 운	嚴 엄	香 향
狀 상	世 세	照 조	界 계	彌 미	鈴 령	輪 륜
猶 유	界 계		圍 위	覆 부	網 망	形 형

如摩尼寶輪依無邊色寶香
여마니보륜의무변색보향

水海住普光明眞珠樓閣雲
수해주보광명진주루각운

彌覆其上
미부기상

四佛刹微塵數世界圍遶
사불찰미진수세계위요

純一淸淨佛號善眷屬出興
순일청정불호선권속출흥

徧照此上過佛刹微塵數世
변조차상과불찰미진수세

界有世界名善蓋覆狀如蓮
계유세계명선개부상여연

三 삼	有 유		無 무	微 미	明 명	華 화
角 각	世 세	此 차	盡 진	塵 진	香 향	依 의
依 의	界 계	上 상	慧 혜	數 수	水 수	金 금
一 일	名 명	過 과		世 세	雲 운	剛 강
切 체	尸 시	佛 불		界 계	彌 미	香 향
堅 견	利 리	刹 찰		圍 위	覆 부	水 수
固 고	華 화	微 미		遶 요	其 기	海 해
寶 보	光 광	塵 진		佛 불	上 상	住 주
莊 장	輪 륜	數 수		號 호	五 오	離 리
嚴 엄	其 기	世 세		法 법	佛 불	塵 진
海 해	形 형	界 계		喜 희	刹 찰	光 광

一 일	半 반	有 유		遶 요	其 기	住 주
切 체	月 월	世 세	此 차	佛 불	上 상	菩 보
寶 보	依 의	界 계	上 상	號 호	六 육	薩 살
華 화	一 일	名 명	過 과	清 청	佛 불	摩 마
雲 운	切 체	寶 보	佛 불	淨 정	刹 찰	尼 니
彌 미	蓮 연	蓮 연	刹 찰	普 보	微 미	冠 관
覆 부	華 화	華 화	微 미	光 광	塵 진	光 광
其 기	莊 장	莊 장	塵 진	明 명	數 수	明 명
上 상	嚴 엄	嚴 엄	數 수	雲 운	世 세	雲 운
七 칠	海 해	形 형	世 세		界 계	彌 미
佛 불	住 주	如 여	界 계		圍 위	覆 부

其 기	住 주	猶 유	有 유		淨 정	剎 찰
上 상	常 상	如 여	世 세	此 차	佛 불	微 미
八 팔	雨 우	寶 보	界 계	上 상	號 호	塵 진
佛 불	香 향	燈 등	名 명	過 과	功 공	數 수
剎 찰	水 수	行 항	無 무	佛 불	德 덕	世 세
微 미	種 종	列 렬	垢 구	剎 찰	華 화	界 계
塵 진	種 종	依 의	焰 염	微 미	淸 청	圍 위
數 수	身 신	寶 보	莊 장	塵 진	淨 정	遶 요
世 세	雲 운	焰 염	嚴 엄	數 수	眼 안	純 순
界 계	彌 미	藏 장	其 기	世 세		一 일
圍 위	覆 부	海 해	狀 상	界 계		淸 청

사경의 공덕은 십만억 부처님께 공양한 것과 같은 공덕이 있습니다.

空 공	數 수	帳 장	依 의	有 유		遶 요
中 중	世 세	雲 운	寶 보	世 세	此 차	佛 불
淨 정	界 계	彌 미	衣 의	界 계	上 상	號 호
月 월	圍 위	覆 부	幢 당	名 명	過 과	慧 혜
	遶 요	其 기	海 해	妙 묘	佛 불	力 력
	佛 불	上 상	住 주	梵 범	刹 찰	無 무
	號 호	九 구	一 일	音 음	微 미	能 능
	廣 광	佛 불	切 체	形 형	塵 진	勝 승
	大 대	刹 찰	華 화	如 여	數 수	
	目 목	微 미	莊 장	卍 만	世 세	
	如 여	塵 진	嚴 엄	字 자	界 계	

燈 등	遶 요	其 기	海 해	猶 유	有 유	
	純 순	上 상	住 주	如 여	世 세	此 차
	一 일	十 십	一 일	因 인	界 계	上 상
	清 청	佛 불	切 체	陀 다	名 명	過 과
	淨 정	刹 찰	樂 락	羅 라	微 미	佛 불
	佛 불	微 미	音 음	網 망	塵 진	刹 찰
	號 호	塵 진	寶 보	依 의	數 수	微 미
	金 금	數 수	蓋 개	一 일	音 음	塵 진
	色 색	世 세	雲 운	切 체	聲 성	數 수
	須 수	界 계	彌 미	寶 보	其 기	世 세
	彌 미	圍 위	覆 부	水 수	狀 상	界 계

此(차)上(상)過(과)佛(불)刹(찰)微(미)塵(진)數(수)世(세)界(계)
有(유)世(세)界(계)名(명)寶(보)色(색)莊(장)嚴(엄)形(형)如(여)卍(만)
字(자)依(의)帝(제)釋(석)形(형)寶(보)王(왕)海(해)住(주)日(일)光(광)
明(명)華(화)雲(운)彌(미)覆(부)其(기)上(상)十(십)一(일)佛(불)刹(찰)
微(미)塵(진)數(수)世(세)界(계)圍(위)遶(요)佛(불)號(호)逈(형)照(조)
法(법)界(계)光(광)明(명)智(지)
此(차)上(상)過(과)佛(불)刹(찰)微(미)塵(진)數(수)世(세)界(계)

有(유)如(여)海(해)十(십)佛(불)　有(유)
世(세)廣(광)住(주)二(이)號(호)此(차)世(세)
界(계)大(대)道(도)佛(불)寶(보)上(상)界(계)
名(명)城(성)場(량)刹(찰)燈(등)過(과)名(명)
金(금)郭(곽)寶(보)微(미)普(보)佛(불)徧(변)
色(색)依(의)華(화)塵(진)照(조)刹(찰)照(조)
妙(묘)一(일)雲(운)數(수)幢(당)微(미)光(광)
光(광)切(체)彌(미)世(세)　塵(진)明(명)
其(기)寶(보)覆(부)界(계)　數(수)輪(륜)
狀(상)莊(장)其(기)圍(위)　世(세)狀(상)
猶(유)嚴(엄)上(상)遶(요)　界(계)如(여)

華(화)旋(선)依(의)寶(보)衣(의)旋(선)海(해)住(주)佛(불)音(음)聲(성)

寶(보)王(왕)樓(루)閣(각)雲(운)彌(미)覆(부)其(기)上(상)十(십)三(삼)

佛(불)刹(찰)微(미)塵(진)數(수)世(세)界(계)圍(위)遶(요)純(순)一(일)

清(청)淨(정)佛(불)號(호)蓮(연)華(화)焰(염)徧(변)照(조)

此(차)上(상)過(과)佛(불)刹(찰)微(미)塵(진)數(수)世(세)界(계)

有(유)世(세)界(계)名(명)寶(보)藏(장)莊(장)嚴(엄)狀(상)如(여)四(사)

洲(주)依(의)寶(보)瓔(영)珞(락)須(수)彌(미)住(주)寶(보)焰(염)摩(마)

海 해	猶 유	有 유		開 개	塵 진	尼 니
住 주	如 여	世 세	此 차	敷 부	數 수	雲 운
寶 보	阿 아	界 계	上 상	華 화	世 세	彌 미
冠 관	修 수	名 명	過 과		界 계	覆 부
光 광	羅 라	如 여	佛 불		圍 위	其 기
影 영	身 신	鏡 경	剎 찰		遶 요	上 상
雲 운	依 의	像 상	微 미		佛 불	十 십
彌 미	金 금	普 보	塵 진		號 호	四 사
覆 부	剛 강	現 현	數 수		無 무	佛 불
其 기	蓮 연	其 기	世 세		盡 진	剎 찰
上 상	華 화	狀 상	界 계		福 복	微 미

十五佛刹微塵數世界圍遶 (십오불찰미진수세계위요)

佛號甘露音 (불호감로음)

此上過佛刹微塵數世界 (차상과불찰미진수세계)

有世界名栴檀月其形八隅 (유세계명전단월기형팔우)

依金剛栴檀寶海住眞珠華 (의금강전단보해주진주화)

摩尼雲彌覆其上十六佛刹 (마니운미부기상십육불찰)

微塵數世界圍遶純一淸淨 (미진수세계위요순일청정)

사경의 공덕은 십만억 부처님께 공양한 것과 같은 공덕이 있습니다.

佛 불	十 십	海 해	如 여	有 유		佛 불
號 호	七 칠	住 주	香 향	世 세	此 차	號 호
徧 변	佛 불	妙 묘	水 수	界 계	上 상	最 최
照 조	刹 찰	香 향	漩 선	名 명	過 과	勝 승
虛 허	微 미	光 광	流 류	離 리	佛 불	法 법
空 공	塵 진	明 명	依 의	垢 구	刹 찰	無 무
光 광	數 수	雲 운	無 무	光 광	微 미	等 등
明 명	世 세	彌 미	邊 변	明 명	塵 진	智 지
音 음	界 계	覆 부	色 색	其 기	數 수	
	圍 위	其 기	寶 보	狀 상	世 세	
	遶 요	上 상	光 광	猶 유	界 계	

此(차)上(상)過(과)佛(불)剎(찰)微(미)塵(진)數(수)世(세)界(계)

有(유)世(세)界(계)名(명)妙(묘)華(화)莊(장)嚴(엄)其(기)狀(상)猶(유)

如(여)旋(선)遶(요)之(지)形(형)依(의)一(일)切(체)華(화)海(해)住(주)

一(일)切(체)樂(락)音(음)摩(마)尼(니)雲(운)彌(미)覆(부)其(기)上(상)

十(십)八(팔)佛(불)剎(찰)微(미)塵(진)數(수)世(세)界(계)圍(위)遶(요)

佛(불)號(호)普(보)現(현)勝(승)光(광)明(명)

此(차)上(상)過(과)佛(불)剎(찰)微(미)塵(진)數(수)世(세)界(계)

有世界名勝音莊嚴其狀猶
유세계명승음장엄기상유

如師子之座依金師子座座海
여사자지좌의금사자좌좌해

住衆色蓮華藏師子座雲彌
주중색연화장사자좌운미

覆其上十九佛刹微塵數世
부기상십구불찰미진수세

界圍遶佛號無邊功德稱普
계위요불호무변공덕칭보

光明
광명

此上過佛刹微塵數世界
차상과불찰미진수세계

有(유)世(세)界(계)名(명)高(고)勝(승)燈(등)狀(상)如(여)佛(불)掌(장)
依(의)寶(보)衣(의)服(복)香(향)幢(당)海(해)住(주)日(일)輪(륜)普(보)
照(조)寶(보)王(왕)樓(루)閣(각)雲(운)彌(미)覆(부)其(기)上(상)二(이)
十(십)佛(불)刹(찰)微(미)塵(진)數(수)世(세)界(계)圍(위)遶(요)純(순)
一(일)清(청)淨(정)佛(불)號(호)普(보)照(조)虛(허)空(공)燈(등)
諸(제)佛(불)子(자)此(차)離(리)垢(구)焰(염)藏(장)香(향)水(수)
海(해)南(남)次(차)有(유)香(향)水(수)海(해)名(명)無(무)盡(진)光(광)

界 계	雲 운	寶 보	見 견		一 일	明 명
圍 위	彌 미	王 왕	華 화	此 차	切 체	輪 륜
遶 요	覆 부	海 해	狀 상	中 중	佛 불	世 세
純 순	其 기	住 주	如 여	最 최	功 공	界 계
一 일	上 상	化 화	寶 보	下 하	德 덕	種 종
淸 청	佛 불	現 현	輪 륜	方 방	海 해	名 명
淨 정	刹 찰	菩 보	依 의	有 유	音 음	佛 불
佛 불	微 미	薩 살	摩 마	世 세	聲 성	幢 당
號 호	塵 진	形 형	尼 니	界 계	爲 위	莊 장
蓮 연	數 수	寶 보	樹 수	名 명	體 체	嚴 엄
華 화	世 세	藏 장	藏 장	愛 애		以 이

光歡喜面
광환희면

此上過佛刹微塵數世界
차상과불찰미진수세계

有世界名妙音佛號須彌寶
유세계명묘음불호수미보

燈此上過佛刹微塵數世界
등차상과불찰미진수세계

有世界名衆寶莊嚴光佛號
유세계명중보장엄광불호

法界音聲幢
법계음성당

此上過佛刹微塵數世界
차상과불찰미진수세계

사경의 공덕은 십만억 부처님께 공양한 것과 같은 공덕이 있습니다.

法 법	有 유		勝 승	界 계	明 명	有 유
城 성	世 세	此 차	精 정	有 유	音 음	世 세
雲 운	界 계	上 상	進 진	世 세	此 차	界 계
雷 뢰	名 명	過 과	力 력	界 계	上 상	名 명
音 음	寶 보	佛 불		名 명	過 과	香 향
此 차	蓮 연	刹 찰		淨 정	佛 불	藏 장
上 상	華 화	微 미		妙 묘	刹 찰	金 금
過 과	莊 장	塵 진		音 음	微 미	剛 강
佛 불	嚴 엄	數 수		佛 불	塵 진	佛 불
刹 찰	佛 불	世 세		號 호	數 수	號 호
微 미	號 호	界 계		最 최	世 세	光 광

塵진 數수 世세 界계 有유 世세 界계 名명 與여 安안 樂락

佛불 號호 大대 名명 稱칭 智지 慧혜 燈등

此차 上상 過과 佛불 剎찰 微미 塵진 數수 世세 界계

有유 世세 界계 名명 無무 垢구 網망 佛불 號호 師사 子자

光광 功공 德덕 海해 此차 上상 過과 佛불 剎찰 微미 塵진

數수 世세 界계 有유 世세 界계 名명 華화 林림 幢당 徧변

照조 佛불 號호 大대 智지 蓮연 華화 光광

有 유		嚴 엄	數 수	眼 안	有 유	
世 세	此 차	佛 불	世 세	法 법	世 세	此 차
界 계	上 상	號 호	界 계	界 계	界 계	上 상
名 명	過 과	勝 승	有 유	幢 당	名 명	過 과
華 화	佛 불	智 지	世 세	此 차	無 무	佛 불
王 왕	刹 찰	大 대	界 계	上 상	量 량	刹 찰
佛 불	微 미	商 상	名 명	過 과	莊 장	微 미
號 호	塵 진	主 주	普 보	佛 불	嚴 엄	塵 진
月 월	數 수		光 광	刹 찰	佛 불	數 수
光 광	世 세		寶 보	微 미	號 호	世 세
幢 당	界 계		莊 장	塵 진	普 보	界 계

珞 락	數 수	智 지	有 유		世 세	此 차
佛 불	世 세	虛 허	世 세	此 차	界 계	上 상
號 호	界 계	空 공	界 계	上 상	名 명	過 과
諸 제	有 유	燈 등	名 명	過 과	離 리	佛 불
度 도	世 세	此 차	寶 보	佛 불	垢 구	刹 찰
福 복	界 계	上 상	光 광	刹 찰	藏 장	微 미
海 해	名 명	過 과	明 명	微 미	佛 불	塵 진
相 상	出 출	佛 불	佛 불	塵 진	號 호	數 수
光 광	生 생	刹 찰	號 호	數 수	淸 청	世 세
明 명	寶 보	微 미	一 일	世 세	淨 정	界 계
	瓔 영	塵 진	切 체	界 계	覺 각	有 유

此(차)上(상)過(과)佛(불)刹(찰)微(미)塵(진)數(수)世(세)界(계)

有(유)世(세)界(계)名(명)妙(묘)輪(륜)徧(변)覆(부)佛(불)號(호)調(조)

伏(복)一(일)切(체)染(염)著(착)心(심)令(령)歡(환)喜(희)此(차)上(상)

過(과)佛(불)刹(찰)微(미)塵(진)數(수)世(세)界(계)有(유)世(세)界(계)

名(명)寶(보)華(화)幢(당)佛(불)號(호)廣(광)博(박)功(공)德(덕)音(음)

大(대)名(명)稱(칭)

此(차)上(상)過(과)佛(불)刹(찰)微(미)塵(진)數(수)世(세)界(계)

사경의 공덕은 십만억 부처님께 공양한 것과 같은 공덕이 있습니다.

佛 불	華 화	如 여	有 유		等 등	有 유
刹 찰	光 광	蓮 연	世 세	此 차	智 지	世 세
微 미	摩 마	華 화	界 계	上 상	光 광	界 계
塵 진	尼 니	依 의	名 명	過 과	明 명	名 명
數 수	網 망	一 일	無 무	佛 불	功 공	無 무
世 세	彌 미	切 체	盡 진	刹 찰	德 덕	量 량
界 계	覆 부	寶 보	光 광	微 미	海 해	莊 장
圍 위	其 기	網 망	莊 장	塵 진		嚴 엄
遶 요	上 상	海 해	嚴 엄	數 수		佛 불
純 순	二 이	住 주	幢 당	世 세		號 호
一 일	十 십	蓮 연	狀 상	界 계		平 평

	聲 성	嚴 엄	剛 강	水 수		淸 청
此 차	爲 위	藏 장	寶 보	海 해	諸 제	淨 정
中 중	體 체	以 이	焰 염	右 우	佛 불	佛 불
最 최		稱 칭	光 광	旋 선	子 자	號 호
下 하		說 설	世 세	次 차	此 차	法 법
方 방		一 일	界 계	有 유	無 무	界 계
有 유		切 체	種 종	香 향	盡 진	淨 정
世 세		如 여	名 명	水 수	光 광	光 광
界 계		來 래	佛 불	海 해	明 명	明 명
名 명		名 명	光 광	名 명	輪 륜	
寶 보		音 음	莊 장	金 금	香 향	

有 유		一 일	上 상	住 주	間 간	焰 염
世 세	此 차	淸 청	佛 불	一 일	毫 호	蓮 연
界 계	上 상	淨 정	剎 찰	切 체	相 상	華 화
名 명	過 과	佛 불	微 미	莊 장	依 의	其 기
光 광	佛 불	號 호	塵 진	嚴 엄	一 일	狀 상
焰 염	剎 찰	無 무	數 수	樓 루	切 체	猶 유
藏 장	微 미	垢 구	世 세	閣 각	寶 보	如 여
佛 불	塵 진	寶 보	界 계	雲 운	色 색	摩 마
號 호	數 수	光 광	圍 위	彌 미	水 수	尼 니
無 무	世 세	明 명	遶 요	覆 부	漩 선	色 색
礙 애	界 계		純 순	其 기	海 해	眉 미

自在智慧光此上過佛剎微
자재지혜광차상과불찰미

塵數世界有世界名寶輪妙
진수세계유세계명보륜묘

莊嚴佛號一切寶光明
장엄불호일체보광명

此上過佛剎微塵數世界
차상과불찰미진수세계

有世界名栴檀樹華幢佛號
유세계명전단수화당불호

清淨智光明此上過佛剎微
청정지광명차상과불찰미

塵數世界有世界名佛剎妙
진수세계유세계명불찰묘

사경의 공덕은 십만억 부처님께 공양한 것과 같은 공덕이 있습니다.

	號 호	數 수	界 계	有 유		莊 장
此 차	無 무	世 세	自 자	世 세	此 차	嚴 엄
上 상	礙 애	界 계	在 재	界 계	上 상	佛 불
過 과	智 지	有 유	智 지	名 명	過 과	號 호
佛 불		世 세	此 차	妙 묘	佛 불	廣 광
刹 찰		界 계	上 상	光 광	刹 찰	大 대
微 미		名 명	過 과	莊 장	微 미	歡 환
塵 진		無 무	佛 불	嚴 엄	塵 진	喜 희
數 수		邊 변	刹 찰	佛 불	數 수	音 음
世 세		相 상	微 미	號 호	世 세	
界 계		佛 불	塵 진	法 법	界 계	

사경의 공덕은 십만억 부처님께 공양한 것과 같은 공덕이 있습니다.

有世界名焰雲幢佛號演說
유세계명염운당불호연설

不退輪此上過佛刹微塵數
불퇴륜차상과불찰미진수

世界有世界名衆寶莊嚴淸
세계유세계명중보장엄청

淨輪佛號離垢華光明
정륜불호리구화광명

此上過佛刹微塵數世界
차상과불찰미진수세계

有世界名廣大出離佛號無
유세계명광대출리불호무

礙智日眼此上過佛刹微塵
애지일안차상과불찰미진

數(수) 世(세) 界(계) 有(유) 世(세) 界(계) 名(명) 妙(묘) 莊(장) 嚴(엄) 金(금)

剛(강) 座(좌) 佛(불) 號(호) 法(법) 界(계) 智(지) 大(대) 光(광) 明(명)

此(차) 上(상) 過(과) 佛(불) 刹(찰) 微(미) 塵(진) 數(수) 世(세) 界(계)

有(유) 世(세) 界(계) 名(명) 智(지) 慧(혜) 普(보) 莊(장) 嚴(엄) 佛(불) 號(호)

智(지) 炬(거) 光(광) 明(명) 王(왕) 此(차) 上(상) 過(과) 佛(불) 刹(찰) 微(미)

塵(진) 數(수) 世(세) 界(계) 有(유) 世(세) 界(계) 名(명) 蓮(연) 華(화) 池(지)

深(심) 妙(묘) 音(음) 佛(불) 號(호) 一(일) 切(체) 智(지) 普(보) 照(조)

此(차) 上(상) 過(과) 佛(불) 刹(찰) 微(미) 塵(진) 數(수) 世(세) 界(계)

有(유) 世(세) 界(계) 名(명) 種(종) 種(종) 色(색) 光(광) 明(명) 佛(불) 號(호)

普(보) 光(광) 華(화) 王(왕) 雲(운) 此(차) 上(상) 過(과) 佛(불) 刹(찰) 微(미)

塵(진) 數(수) 世(세) 界(계) 有(유) 世(세) 界(계) 名(명) 妙(묘) 寶(보) 幢(당)

佛(불) 號(호) 功(공) 德(덕) 光(광)

此(차) 上(상) 過(과) 佛(불) 刹(찰) 微(미) 塵(진) 數(수) 世(세) 界(계)

有(유) 世(세) 界(계) 名(명) 摩(마) 尼(니) 華(화) 毫(호) 相(상) 光(광) 佛(불)

사경의 공덕은 십만억 부처님께 공양한 것과 같은 공덕이 있습니다.

世 세	普 보	有 유		號 호	數 수	號 호
界 계	智 지	世 세	此 차	十 시	世 세	普 보
有 유	音 음	界 계	上 상	方 방	界 계	音 음
世 세	此 차	名 명	過 과	衆 중	有 유	雲 운
界 계	上 상	須 수	佛 불	生 생	世 세	此 차
名 명	過 과	彌 미	刹 찰	主 주	界 계	上 상
金 금	佛 불	光 광	微 미		名 명	過 과
蓮 연	刹 찰	佛 불	塵 진		甚 심	佛 불
華 화	微 미	號 호	數 수		深 심	刹 찰
佛 불	塵 진	法 법	世 세		海 해	微 미
號 호	數 수	界 계	界 계		佛 불	塵 진

一 일	十 십	住 주	字 자	有 유		福 복
清 청	佛 불	清 청	依 의	世 세	此 차	德 덕
淨 정	剎 찰	淨 정	一 일	界 계	上 상	藏 장
佛 불	微 미	光 광	切 체	名 명	過 과	普 보
號 호	塵 진	明 명	香 향	寶 보	佛 불	光 광
大 대	數 수	雲 운	摩 마	莊 장	剎 찰	明 명
變 변	世 세	彌 미	尼 니	嚴 엄	微 미	
化 화	界 계	覆 부	莊 장	藏 장	塵 진	
光 광	圍 위	其 기	嚴 엄	形 형	數 수	
明 명	遶 요	上 상	樹 수	如 여	世 세	
網 망	純 순	二 이	海 해	卍 만	界 계	

方 방		以 이	依 의	寶 보	海 해	
無 무	於 어	無 무	一 일	莊 장	右 우	諸 제
盡 진	此 차	邊 변	切 체	嚴 엄	旋 선	佛 불
色 색	最 최	佛 불	妙 묘	世 세	次 차	子 자
藏 장	下 하	音 음	莊 장	界 계	有 유	此 차
輪 륜	方 방	聲 성	嚴 엄	種 종	香 향	金 금
其 기	有 유	爲 위	蓮 연	名 명	水 수	剛 강
狀 상	世 세	體 체	華 화	光 광	海 해	寶 보
周 주	界 계		香 향	照 조	名 명	焰 염
迴 회	名 명		雲 운	十 시	帝 제	香 향
有 유	十 시		住 주	方 방	靑 청	水 수

사경의 공덕은 십만억 부처님께 공양한 것과 같은 공덕이 있습니다.

無 무	有 유		淨 정	剎 찰	海 해	無 무
上 상	世 세	此 차	佛 불	微 미	住 주	量 량
慧 혜	界 계	上 상	號 호	塵 진	因 인	角 각
大 대	名 명	過 과	蓮 연	數 수	陀 다	依 의
師 사	淨 정	佛 불	華 화	世 세	羅 라	無 무
子 자	妙 묘	剎 찰	眼 안	界 계	網 망	邊 변
此 차	莊 장	微 미	光 광	圍 위	而 이	色 색
上 상	嚴 엄	塵 진	明 명	遶 요	覆 부	一 일
過 과	藏 장	數 수	徧 변	純 순	其 기	切 체
佛 불	佛 불	世 세	照 조	一 일	上 상	寶 보
剎 찰	號 호	界 계		淸 청	佛 불	藏 장

微塵數世界有世界名出現
미진수세계유세계명출현

蓮華座佛號徧照法界光明
연화좌불호변조법계광명

王
왕

此上過佛刹微塵數世界
차상과불찰미진수세계

有世界名寶幢音佛號大功
유세계명보당음불호대공

德普名稱此上過佛刹微塵
덕보명칭차상과불찰미진

數世界有世界名金剛寶莊
수세계유세계명금강보장

嚴(엄) 藏(장) 佛(불) 號(호) 蓮(연) 華(화) 日(일) 光(광) 明(명)
此(차) 上(상) 過(과) 佛(불) 刹(찰) 微(미) 塵(진) 數(수) 世(세) 界(계)
有(유) 世(세) 界(계) 名(명) 因(인) 陀(다) 羅(라) 華(화) 月(월) 佛(불) 號(호)
法(법) 自(자) 在(재) 智(지) 慧(혜) 幢(당) 此(차) 上(상) 過(과) 佛(불) 刹(찰)
微(미) 塵(진) 數(수) 世(세) 界(계) 有(유) 世(세) 界(계) 名(명) 妙(묘) 輪(륜)
藏(장) 佛(불) 號(호) 大(대) 喜(희) 清(청) 淨(정) 音(음)
此(차) 上(상) 過(과) 佛(불) 刹(찰) 微(미) 塵(진) 數(수) 世(세) 界(계)

方 방	有 유		須 수	世 세	善 선	有 유
便 편	世 세	此 차	彌 미	界 계	商 상	世 세
願 원	界 계	上 상	光 광	有 유	主 주	界 계
淨 정	名 명	過 과	智 지	世 세	此 차	名 명
月 월	無 무	佛 불	慧 혜	界 계	上 상	妙 묘
光 광	邊 변	刹 찰	力 력	名 명	過 과	音 음
此 차	莊 장	微 미		淸 청	佛 불	藏 장
上 상	嚴 엄	塵 진		淨 정	刹 찰	佛 불
過 과	相 상	數 수		月 월	微 미	號 호
佛 불	佛 불	世 세		佛 불	塵 진	大 대
刹 찰	號 호	界 계		號 호	數 수	力 력

微(미)塵(진)數(수)世(세)界(계)有(유)世(세)界(계)名(명)妙(묘)華(화)

音(음)佛(불)號(호)法(법)海(해)大(대)願(원)音(음)

此(차)上(상)過(과)佛(불)刹(찰)微(미)塵(진)數(수)世(세)界(계)

有(유)世(세)界(계)名(명)一(일)切(체)寶(보)莊(장)嚴(엄)佛(불)號(호)

功(공)德(덕)寶(보)光(광)明(명)相(상)此(차)上(상)過(과)佛(불)刹(찰)

微(미)塵(진)數(수)世(세)界(계)有(유)世(세)界(계)名(명)堅(견)固(고)

地(지)佛(불)號(호)美(미)音(음)最(최)勝(승)天(천)

有 유		莊 장	塵 진	精 정	有 유	
世 세	此 차	嚴 엄	數 수	進 진	世 세	此 차
界 계	上 상	行 행	世 세	寂 적	界 계	上 상
名 명	過 과	佛 불	界 계	靜 정	名 명	過 과
栴 전	佛 불	號 호	有 유	慧 혜	普 보	佛 불
檀 단	刹 찰	見 견	世 세	此 차	光 광	刹 찰
寶 보	微 미	者 자	界 계	上 상	善 선	微 미
華 화	塵 진	生 생	名 명	過 과	化 화	塵 진
藏 장	數 수	歡 환	善 선	佛 불	佛 불	數 수
佛 불	世 세	喜 희	守 수	刹 찰	號 호	世 세
號 호	界 계		護 호	微 미	大 대	界 계

사경의 공덕은 십만억 부처님께 공양한 것과 같은 공덕이 있습니다.

佛 불	有 유		放 방	界 계	上 상	甚 심
號 호	世 세	此 차	不 불	名 명	過 과	深 심
勝 승	界 계	上 상	思 사	現 현	佛 불	不 불
功 공	名 명	過 과	議 의	種 종	刹 찰	可 가
德 덕	化 화	佛 불	勝 승	種 종	微 미	動 동
威 위	現 현	刹 찰	義 의	色 색	塵 진	智 지
光 광	十 시	微 미	王 왕	相 상	數 수	慧 혜
無 무	方 방	塵 진	光 광	海 해	世 세	光 광
與 여	大 대	數 수	明 명	佛 불	界 계	徧 변
等 등	光 광	世 세		號 호	有 유	照 조
此 차	明 명	界 계		普 보	世 세	此 차

사경의 공덕은 십만억 부처님께 공양한 것과 같은 공덕이 있습니다.

上상 過과 佛불 刹찰 微미 塵진 數수 世세 界계 有유 世세

界계 名명 須수 彌미 雲운 幢당 佛불 號호 極극 淨정 光광

明명 眼안

此차 上상 過과 佛불 刹찰 微미 塵진 數수 世세 界계

有유 世세 界계 名명 蓮연 華화 徧변 照조 其기 狀상 周주

圓원 依의 無무 邊변 色색 衆중 妙묘 香향 摩마 尼니 海해

住주 一일 切체 乘승 莊장 嚴엄 雲운 而이 覆부 其기 上상

二(이)十(십)佛(불)刹(찰)微(미)塵(진)數(수)世(세)界(계)圍(위)遶(요)
純(순)一(일)淸(청)淨(정)佛(불)號(호)解(해)脫(탈)精(정)進(진)日(일)
諸(제)佛(불)子(자)此(차)帝(제)靑(청)寶(보)莊(장)嚴(엄)香(향)
水(수)海(해)右(우)旋(선)次(차)有(유)香(향)水(수)海(해)名(명)金(금)
剛(강)輪(륜)莊(장)嚴(엄)底(저)世(세)界(계)種(종)名(명)妙(묘)寶(보)
間(간)錯(착)因(인)陀(다)羅(라)網(망)普(보)賢(현)智(지)所(소)生(생)
音(음)聲(성)爲(위)體(체)

此中最下方有世界名蓮
차중최하방유세계명연

華網其狀猶如須彌山形依
화망기상유여수미산형의

衆妙華山幢海住佛境界摩
중묘화산당해주불경계마

尼王帝網雲而覆其上佛刹
니왕제망운이부기상불찰

微塵數世界圍遶純一清淨
미진수세계위요순일청정

佛號法身普覺慧
불호법신보각혜

此上過佛刹微塵數世界
차상과불찰미진수세계

사경의 공덕은 십만억 부처님께 공양한 것과 같은 공덕이 있습니다.

智 지	有 유		光 광	塵 진	最 최	有 유
法 법	世 세	此 차	明 명	數 수	勝 승	世 세
界 계	界 계	上 상	佛 불	世 세	大 대	界 계
音 음	名 명	過 과	號 호	界 계	覺 각	名 명
此 차	樹 수	佛 불	大 대	有 유	慧 혜	無 무
上 상	華 화	刹 찰	福 복	世 세	此 차	盡 진
過 과	幢 당	微 미	雲 운	界 계	上 상	日 일
佛 불	佛 불	塵 진	無 무	名 명	過 과	光 광
刹 찰	號 호	數 수	盡 진	普 보	佛 불	明 명
微 미	無 무	世 세	力 력	放 방	刹 찰	佛 불
塵 진	邊 변	界 계		妙 묘	微 미	號 호

數(수)世(세)界(계)有(유)世(세)界(계)名(명)眞(진)珠(주)蓋(개)佛(불)

號(호)波(바)羅(라)密(밀)師(사)子(자)頻(빈)申(신)

此(차)上(상)過(과)佛(불)刹(찰)微(미)塵(진)數(수)世(세)界(계)

有(유)世(세)界(계)名(명)無(무)邊(변)音(음)佛(불)號(호)一(일)切(체)

智(지)妙(묘)覺(각)慧(혜)此(차)上(상)過(과)佛(불)刹(찰)微(미)塵(진)

數(수)世(세)界(계)有(유)世(세)界(계)名(명)普(보)見(견)樹(수)峰(봉)

佛(불)號(호)普(보)現(현)衆(중)生(생)前(전)

有 유		衆 중	佛 불	無 무	有 유	
世 세	此 차	寶 보	刹 찰	垢 구	世 세	此 차
界 계	上 상	間 간	微 미	日 일	界 계	上 상
名 명	過 과	錯 착	塵 진	金 금	名 명	過 과
無 무	佛 불	佛 불	數 수	色 색	師 사	佛 불
垢 구	刹 찰	號 호	世 세	光 광	子 자	刹 찰
光 광	微 미	帝 제	界 계	焰 염	帝 제	微 미
明 명	塵 진	幢 당	有 유	雲 운	網 망	塵 진
地 지	數 수	最 최	世 세	此 차	光 광	數 수
佛 불	世 세	勝 승	界 계	上 상	佛 불	世 세
號 호	界 계	慧 혜	名 명	過 과	號 호	界 계

사경의 공덕은 십만억 부처님께 공양한 것과 같은 공덕이 있습니다.

十 시	有 유		覺 각	歎 탄	微 미	一 일
方 방	世 세	此 차	慧 혜	佛 불	塵 진	切 체
大 대	界 계	上 상		功 공	數 수	力 력
雲 운	名 명	過 과		德 덕	世 세	清 청
幢 당	高 고	佛 불		音 음	界 계	淨 정
此 차	焰 염	刹 찰		佛 불	有 유	月 월
上 상	藏 장	微 미		號 호	世 세	此 차
過 과	佛 불	塵 진		如 여	界 계	上 상
佛 불	號 호	數 수		虛 허	名 명	過 과
刹 찰	化 화	世 세		空 공	恒 항	佛 불
微 미	現 현	界 계		普 보	出 출	刹 찰

塵數世界有世界名光嚴道 진수세계유세계명광엄도

場佛號無等智徧照 량불호무등지변조

此上過佛剎微塵數世界 차상과불찰미진수세계

有世界名出生一切寶莊嚴 유세계명출생일체보장엄

佛號廣度衆生神通王此上 불호광도중생신통왕차상

過佛剎微塵數世界有世界 과불찰미진수세계유세계

名光嚴妙宮殿佛號一切義 명광엄묘궁전불호일체의

사경의 공덕은 십만억 부처님께 공양한 것과 같은 공덕이 있습니다.

	悅 열	界 계	唐 당	有 유		成 성
此 차	意 의	有 유	現 현	世 세	此 차	廣 광
上 상	吉 길	世 세	此 차	界 계	上 상	大 대
過 과	祥 상	界 계	上 상	名 명	過 과	慧 혜
佛 불	音 음	名 명	過 과	離 리	佛 불	
刹 찰		摩 마	佛 불	塵 진	刹 찰	
微 미		尼 니	刹 찰	寂 적	微 미	
塵 진		華 화	微 미	靜 정	塵 진	
數 수		幢 당	塵 진	佛 불	數 수	
世 세		佛 불	數 수	號 호	世 세	
界 계		號 호	世 세	不 부	界 계	

香 향	王 왕	純 순	二 이	海 해	樓 누	有 유
水 수	諸 제	一 일	十 십	住 주	閣 각	世 세
海 해	佛 불	清 청	佛 불	一 일	之 지	界 계
右 우	子 자	淨 정	刹 찰	切 체	形 형	名 명
旋 선	此 차	佛 불	微 미	寶 보	依 의	普 보
次 차	金 금	號 호	塵 진	燈 등	種 종	雲 운
有 유	剛 강	最 최	數 수	雲 운	種 종	藏 장
香 향	輪 륜	勝 승	世 세	彌 미	宮 궁	其 기
水 수	莊 장	覺 각	界 계	覆 부	殿 전	狀 상
海 해	嚴 엄	神 신	圍 위	其 기	香 향	猶 유
名 명	底 저	通 통	遶 요	上 상	水 수	如 여

蓮(연)華(화)因(인)陀(다)羅(라)網(망)世(세)界(계)種(종)名(명)普(보)
現(현)十(시)方(방)影(영)依(의)一(일)切(체)香(향)摩(마)尼(니)莊(장)
嚴(엄)蓮(연)華(화)住(주)一(일)切(체)佛(불)智(지)光(광)音(음)聲(성)
爲(위)體(체)
此(차)中(중)最(최)下(하)方(방)有(유)世(세)界(계)名(명)衆(중)
生(생)海(해)寶(보)光(광)明(명)其(기)狀(상)猶(유)如(여)眞(진)珠(주)
之(지)藏(장)依(의)一(일)切(체)摩(마)尼(니)瓔(영)珞(락)海(해)漩(선)

住(주) 水(수) 光(광) 明(명) 摩(마) 尼(니) 雲(운) 而(이) 覆(부) 其(기) 上(상)

佛(불) 刹(찰) 微(미) 塵(진) 數(수) 世(세) 界(계) 圍(위) 遶(요) 純(순) 一(일)

淸(청) 淨(정) 佛(불) 號(호) 不(불) 思(사) 議(의) 功(공) 德(덕) 徧(변) 照(조)

月(월)

此(차) 上(상) 過(과) 佛(불) 刹(찰) 微(미) 塵(진) 數(수) 世(세) 界(계)

有(유) 世(세) 界(계) 名(명) 妙(묘) 香(향) 輪(륜) 佛(불) 號(호) 無(무) 量(량)

力(력) 幢(당) 此(차) 上(상) 過(과) 佛(불) 刹(찰) 微(미) 塵(진) 數(수) 世(세)

堅 견	刹 찰	蓮 연	有 유		界 계	界 계
固 고	微 미	華 화	世 세	此 차	光 광	有 유
輪 륜	塵 진	光 광	界 계	上 상	音 음	世 세
佛 불	數 수	恒 항	名 명	過 과	覺 각	界 계
號 호	世 세	垂 수	吼 후	佛 불	悟 오	名 명
不 불	界 계	妙 묘	聲 성	刹 찰	慧 혜	妙 묘
退 퇴	有 유	臂 비	摩 마	微 미		光 광
轉 전	世 세	此 차	尼 니	塵 진		輪 륜
功 공	界 계	上 상	幢 당	數 수		佛 불
德 덕	名 명	過 과	佛 불	世 세		號 호
海 해	極 극	佛 불	號 호	界 계		法 법

覺 각	座 좌	微 미	一 일	有 유		光 광
慧 혜	徧 변	塵 진	切 체	世 세	此 차	明 명
	照 조	數 수	智 지	界 계	上 상	
	佛 불	世 세	普 보	名 명	過 과	
	號 호	界 계	勝 승	衆 중	佛 불	
	師 사	有 유	尊 존	行 행	刹 찰	
	子 자	世 세	此 차	光 광	微 미	
	光 광	界 계	上 상	莊 장	塵 진	
	無 무	名 명	過 과	嚴 엄	數 수	
	量 량	師 사	佛 불	佛 불	世 세	
	力 력	子 자	刹 찰	號 호	界 계	

有 유		佛 불	塵 진	切 체	有 유	
世 세	此 차	號 호	數 수	法 법	世 세	此 차
界 계	上 상	無 무	世 세	淸 청	界 계	上 상
名 명	過 과	憂 우	界 계	淨 정	名 명	過 과
常 상	佛 불	相 상	有 유	智 지	寶 보	佛 불
聞 문	刹 찰		世 세	此 차	焰 염	刹 찰
佛 불	微 미		界 계	上 상	莊 장	微 미
音 음	塵 진		名 명	過 과	嚴 엄	塵 진
佛 불	數 수		無 무	佛 불	佛 불	數 수
號 호	世 세		量 량	刹 찰	號 호	世 세
自 자	界 계		燈 등	微 미	一 일	界 계

塵 진	法 법	有 유		佛 불	數 수	然 연
數 수	界 계	世 세	此 차	號 호	世 세	勝 승
世 세	頻 빈	界 계	上 상	金 금	界 계	威 위
界 계	申 신	名 명	過 과	蓮 연	有 유	光 광
有 유	慧 혜	普 보	佛 불	華 화	世 세	此 차
世 세	此 차	入 입	刹 찰	光 광	界 계	上 상
界 계	上 상	十 시	微 미	明 명	名 명	過 과
名 명	過 과	方 방	塵 진		清 청	佛 불
熾 치	佛 불	佛 불	數 수		淨 정	刹 찰
然 연	刹 찰	號 호	世 세		變 변	微 미
焰 염	微 미	觀 관	界 계		化 화	塵 진

사경의 공덕은 십만억 부처님께 공양한 것과 같은 공덕이 있습니다.

佛(불)號(호)光(광)焰(염)樹(수)緊(긴)那(나)羅(라)王(왕)

此(차)上(상)過(과)佛(불)刹(찰)微(미)塵(진)數(수)世(세)界(계)

有(유)世(세)界(계)名(명)香(향)光(광)徧(변)照(조)佛(불)號(호)香(향)

燈(등)善(선)化(화)王(왕)此(차)上(상)過(과)佛(불)刹(찰)微(미)塵(진)

數(수)世(세)界(계)有(유)世(세)界(계)名(명)無(무)量(량)華(화)聚(취)

輪(륜)佛(불)號(호)普(보)現(현)佛(불)功(공)德(덕)

此(차)上(상)過(과)佛(불)刹(찰)微(미)塵(진)數(수)世(세)界(계)

有世界名衆妙普淸淨佛號
유세계명중묘보청정불호

一切法平等神通王此上過
일체법평등신통왕차상과

佛刹微塵數世界有世界名
불찰미진수세계유세계명

金光海佛號十方自在大變
금광해불호시방자재대변

化
화

此上過佛刹微塵數世界
차상과불찰미진수세계

有世界名眞珠華藏佛號法
유세계명진주화장불호법

사경의 공덕은 십만억 부처님께 공양한 것과 같은 공덕이 있습니다.

四 사	有 유		力 력	名 명	過 과	界 계
方 방	世 세	此 차	光 광	帝 제	佛 불	寶 보
依 의	界 계	上 상		釋 석	刹 찰	光 광
華 화	名 명	過 과		須 수	微 미	明 명
林 림	無 무	佛 불		彌 미	塵 진	不 불
海 해	邊 변	刹 찰		師 사	數 수	可 가
住 주	寶 보	微 미		子 자	世 세	思 사
普 보	普 보	塵 진		座 좌	界 계	議 의
雨 우	照 조	數 수		佛 불	有 유	慧 혜
無 무	其 기	世 세		號 호	世 세	此 차
邊 변	形 형	界 계		勝 승	界 계	上 상

積 적	香 향		音 음	一 일	十 십	色 색
集 집	水 수	諸 제		清 청	佛 불	摩 마
寶 보	海 해	佛 불		淨 정	刹 찰	尼 니
香 향	右 우	子 자		佛 불	微 미	王 왕
藏 장	旋 선	此 차		號 호	塵 진	帝 제
世 세	次 차	蓮 연		徧 변	數 수	網 망
界 계	有 유	華 화		照 조	世 세	彌 미
種 종	香 향	因 인		世 세	界 계	覆 부
名 명	水 수	陀 다		間 간	圍 위	其 기
一 일	海 해	羅 라		最 최	遶 요	上 상
切 체	名 명	網 망		勝 승	純 순	二 이

威(위)德(덕)莊(장)嚴(엄)以(이)一(일)切(체)佛(불)法(법)輪(륜)音(음)
聲(성)爲(위)體(체)
此(차)中(중)最(최)下(하)方(방)有(유)世(세)界(계)名(명)種(종)
種(종)出(출)生(생)形(형)如(여)金(금)剛(강)依(의)種(종)種(종)金(금)
剛(강)山(산)幢(당)住(주)金(금)剛(강)寶(보)光(광)雲(운)而(이)覆(부)
其(기)上(상)佛(불)刹(찰)微(미)塵(진)數(수)世(세)界(계)圍(위)遶(요)
純(순)一(일)淸(청)淨(정)佛(불)號(호)蓮(연)華(화)眼(안)

此上過佛刹微塵數世界 (차상과불찰미진수세계)
有世界名喜見音佛號生喜 (유세계명희견음불호생희)
樂此上過佛刹微塵數世界 (락차상과불찰미진수세계)
有世界名寶莊嚴幢佛號一 (유세계명보장엄당불호일)
切智 (체지)
此上過佛刹微塵數世界 (차상과불찰미진수세계)
有世界名多羅華普照佛號 (유세계명다라화보조불호)

刹 찰	示 시	有 유		佛 불	塵 진	無 무
微 미	福 복	世 세	此 차	號 호	數 수	垢 구
塵 진	德 덕	界 계	上 상	清 청	世 세	寂 적
數 수	海 해	名 명	過 과	淨 정	界 계	妙 묘
世 세	密 밀	衆 중	佛 불	空 공	有 유	音 음
界 계	雲 운	妙 묘	刹 찰	智 지	世 세	此 차
有 유	相 상	間 간	微 미	慧 혜	界 계	上 상
世 세	此 차	錯 착	塵 진	月 월	名 명	過 과
界 계	上 상	佛 불	數 수		變 변	佛 불
名 명	過 과	號 호	世 세		化 화	刹 찰
一 일	佛 불	開 개	界 계		光 광	微 미

切莊嚴具妙音聲佛號歡喜 (체장엄구묘음성불호환희)

雲 (운)

此上過佛刹微塵數世界 (차상과불찰미진수세계)

有世界名蓮華池佛號名稱 (유세계명연화지불호명칭)

幢此上過佛刹微塵數世界 (당차상과불찰미진수세계)

有世界名一切寶莊嚴佛號 (유세계명일체보장엄불호)

頻申觀察眼 (빈신관찰안)

사경의 공덕은 십만억 부처님께 공양한 것과 같은 공덕이 있습니다.

有 유		佛 불	世 세	金 금	有 유	
世 세	此 차	號 호	界 계	剛 강	世 세	此 차
界 계	上 상	日 일	有 유	智 지	界 계	上 상
名 명	過 과	藏 장	世 세	此 차	名 명	過 과
無 무	佛 불	眼 안	界 계	上 상	淨 정	佛 불
量 량	刹 찰	普 보	名 명	過 과	妙 묘	刹 찰
樹 수	微 미	光 광	蓮 연	佛 불	華 화	微 미
峰 봉	塵 진	明 명	華 화	刹 찰	佛 불	塵 진
佛 불	數 수		莊 장	微 미	號 호	數 수
號 호	世 세		嚴 엄	塵 진	無 무	世 세
一 일	界 계		城 성	數 수	盡 진	界 계

塵 진	一 일	有 유		號 호	數 수	切 체
數 수	切 체	世 세	此 차	開 개	世 세	法 법
世 세	福 복	界 계	上 상	示 시	界 계	雷 뇌
界 계	德 덕	名 명	過 과	無 무	有 유	音 음
有 유	山 산	依 의	佛 불	量 량	世 세	此 차
世 세	此 차	止 지	刹 찰	智 지	界 계	上 상
界 계	上 상	蓮 연	微 미		名 명	過 과
名 명	過 과	華 화	塵 진		日 일	佛 불
風 풍	佛 불	葉 엽	數 수		光 광	刹 찰
普 보	刹 찰	佛 불	世 세		明 명	微 미
持 지	微 미	號 호	界 계		佛 불	塵 진

사경의 공덕은 십만억 부처님께 공양한 것과 같은 공덕이 있습니다.

佛號日耀根
불호일요근

此上過佛刹微塵數世界
차상과불찰미진수세계

有世界名光明顯現佛號身
유세계명광명현현불호신

光普照此上過佛刹微塵數
광보조차상과불찰미진수

世界有世界名香雷音金剛
세계유세계명향뇌음금강

寶普照佛號最勝華開敷相
보보조불호최승화개부상

此上過佛刹微塵數世界
차상과불찰미진수세계

水 수		號 호	塵 진	閣 각	楯 순	有 유
海 해	諸 제	示 시	數 수	雲 운	依 의	世 세
右 우	佛 불	現 현	世 세	彌 미	一 일	界 계
旋 선	子 자	無 무	界 계	覆 부	切 체	名 명
次 차	此 차	畏 외	圍 위	其 기	莊 장	帝 제
有 유	積 적	雲 운	遶 요	上 상	嚴 엄	網 망
香 향	集 집		純 순	二 이	海 해	莊 장
水 수	寶 보		一 일	十 십	住 주	嚴 엄
海 해	香 향		清 청	佛 불	光 광	形 형
名 명	藏 장		淨 정	刹 찰	焰 염	如 여
寶 보	香 향		佛 불	微 미	樓 누	欄 난

世 세	珠 주	光 광	妙 묘		切 체	莊 장
界 계	雲 운	輪 륜	平 평	此 차	微 미	嚴 엄
圍 위	而 이	海 해	坦 탄	中 중	塵 진	世 세
遶 요	覆 부	住 주	形 형	最 최	中 중	界 계
純 순	其 기	種 종	如 여	下 하	佛 불	種 종
一 일	上 상	種 종	寶 보	方 방	刹 찰	名 명
淸 청	佛 불	栴 전	身 신	有 유	神 신	普 보
淨 정	刹 찰	檀 단	依 의	世 세	變 변	無 무
佛 불	微 미	摩 마	一 일	界 계	聲 성	垢 구
號 호	塵 진	尼 니	切 체	名 명	爲 위	以 이
難 난	數 수	眞 진	寶 보	淨 정	體 체	一 일

摧伏無等幢 (최복무등당)

此上過佛刹微塵數世界 (차상과불찰미진수세계)

有世界名熾然妙莊嚴佛號 (유세계명치연묘장엄불호)

蓮華慧神通王此上過佛刹 (연화혜신통왕차상과불찰)

微塵數世界有世界名微妙 (미진수세계유세계명미묘)

相輪幢佛號十方大名稱無 (상륜당불호시방대명칭무)

盡光 (진광)

사경의 공덕은 십만억 부처님께 공양한 것과 같은 공덕이 있습니다.

	最 최	界 계	上 상	佛 불	有 유	
此 차	勝 승	名 명	過 과	號 호	世 세	此 차
上 상	智 지	妙 묘	佛 불	大 대	界 계	上 상
過 과		華 화	刹 찰	智 지	名 명	過 과
佛 불		莊 장	微 미	慧 혜	焰 염	佛 불
刹 찰		嚴 엄	塵 진	見 견	藏 장	刹 찰
微 미		佛 불	數 수	聞 문	摩 마	微 미
塵 진		號 호	世 세	皆 개	尼 니	塵 진
數 수		無 무	界 계	歡 환	妙 묘	數 수
世 세		量 량	有 유	喜 희	莊 장	世 세
界 계		力 력	世 세	此 차	嚴 엄	界 계

善 선	有 유		香 향	世 세	超 초	有 유
名 명	世 세	此 차	佛 불	界 계	勝 승	世 세
稱 칭	界 계	上 상	號 호	有 유	梵 범	界 계
此 차	名 명	過 과	香 향	世 세	此 차	名 명
上 상	光 광	佛 불	象 상	界 계	上 상	出 출
過 과	明 명	刹 찰	金 금	名 명	過 과	生 생
佛 불	旋 선	微 미	剛 강	普 보	佛 불	淨 정
刹 찰	佛 불	塵 진	大 대	光 광	刹 찰	微 미
微 미	號 호	數 수	力 력	明 명	微 미	塵 진
塵 진	義 의	世 세	勢 세	變 변	塵 진	佛 불
數 수	成 성	界 계		化 화	數 수	號 호

巧 교	刹 찰	竟 경	有 유		號 호	世 세
莊 장	微 미	功 공	世 세	此 차	無 무	界 계
嚴 엄	塵 진	德 덕	界 계	上 상	比 비	有 유
佛 불	數 수	無 무	名 명	過 과	光 광	世 세
號 호	世 세	礙 애	妙 묘	佛 불	徧 변	界 계
慧 혜	界 계	慧 혜	華 화	刹 찰	照 조	名 명
日 일	有 유	燈 등	燈 등	微 미		寶 보
波 바	世 세	此 차	幢 당	塵 진		瓔 영
羅 라	界 계	上 상	佛 불	數 수		珞 락
密 밀	名 명	過 과	號 호	世 세		海 해
	善 선	佛 불	究 구	界 계		佛 불

此(차)上(상)過(과)佛(불)刹(찰)微(미)塵(진)數(수)世(세)界(계)

有(유)世(세)界(계)名(명)栴(전)檀(단)華(화)普(보)光(광)明(명)佛(불)

號(호)無(무)邊(변)慧(혜)法(법)界(계)音(음)此(차)上(상)過(과)佛(불)

刹(찰)微(미)塵(진)數(수)世(세)界(계)有(유)世(세)界(계)名(명)帝(제)

網(망)幢(당)佛(불)號(호)燈(등)光(광)迥(형)照(조)

此(차)上(상)過(과)佛(불)刹(찰)微(미)塵(진)數(수)世(세)界(계)

有(유)世(세)界(계)名(명)淨(정)華(화)輪(륜)佛(불)號(호)法(법)界(계)

上 상	佛 불	有 유		無 무	世 세	日 일
過 과	號 호	世 세	此 차	邊 변	界 계	光 광
佛 불	開 개	界 계	上 상	功 공	有 유	明 명
刹 찰	示 시	名 명	過 과	德 덕	世 세	此 차
微 미	入 입	同 동	佛 불	海 해	界 계	上 상
塵 진	不 불	安 안	刹 찰	法 법	名 명	過 과
數 수	可 가	住 주	微 미	輪 륜	大 대	佛 불
世 세	思 사	寶 보	塵 진	音 음	威 위	刹 찰
界 계	議 의	蓮 연	數 수		耀 요	微 미
有 유	智 지	華 화	世 세		佛 불	塵 진
世 세	此 차	池 지	界 계		號 호	數 수

妙 묘	刹 찰	盡 진	有 유		明 명	界 계
光 광	微 미	福 복	世 세	此 차	王 왕	名 명
明 명	塵 진	德 덕	界 계	上 상		平 평
佛 불	數 수	海 해	名 명	過 과		坦 탄
號 호	世 세	妙 묘	香 향	佛 불		地 지
無 무	界 계	莊 장	摩 마	刹 찰		佛 불
等 등	有 유	嚴 엄	尼 니	微 미		號 호
力 력	世 세	此 차	聚 취	塵 진		功 공
普 보	界 계	上 상	佛 불	數 수		德 덕
徧 변	名 명	過 과	號 호	世 세		寶 보
音 음	微 미	佛 불	無 무	界 계		光 광

大 대	界 계	覆 부	輪 륜	照 조	有 유	
明 명	圍 위	其 기	海 해	耀 요	世 세	此 차
燈 등	遶 요	上 상	住 주	其 기	界 계	上 상
	純 순	二 이	一 일	形 형	名 명	過 과
	一 일	十 십	切 체	八 팔	十 시	佛 불
	淸 청	佛 불	寶 보	隅 우	方 방	刹 찰
	淨 정	刹 찰	莊 장	依 의	普 보	微 미
	佛 불	微 미	嚴 엄	心 심	堅 견	塵 진
	號 호	塵 진	帳 장	王 왕	固 고	數 수
	普 보	數 수	雲 운	摩 마	莊 장	世 세
	眼 안	世 세	彌 미	尼 니	嚴 엄	界 계

色 색	光 광		菩 보	聚 취	右 우	
珠 주	照 조	此 차	薩 살	世 세	旋 선	諸 제
瓔 영	耀 요	中 중	地 지	界 계	次 차	佛 불
海 해	形 형	最 최	方 방	種 종	有 유	子 자
住 주	如 여	下 하	便 편	名 명	香 향	此 차
菩 보	珠 주	方 방	法 법	法 법	水 수	寶 보
薩 살	貫 관	有 유	音 음	界 계	海 해	莊 장
珠 주	依 의	世 세	聲 성	行 행	名 명	嚴 엄
髻 계	一 일	界 계	爲 위	以 이	金 금	香 향
光 광	切 체	名 명	體 체	一 일	剛 강	水 수
明 명	寶 보	淨 정		切 체	寶 보	海 해

摩尼雲而覆其上佛刹微塵 (마니운이부기상불찰미진)
數世界圍遶純一清淨佛號 (수세계위요순일청정불호)
最勝功德光 (최승공덕광)
此上過佛刹微塵數世界 (차상과불찰미진수세계)
有世界名妙蓋佛號法自在 (유세계명묘개불호법자재)
慧此上過佛刹微塵數世界 (혜차상과불찰미진수세계)
世界名寶莊嚴師子座佛號 (세계명보장엄사자좌불호)

사경의 공덕은 십만억 부처님께 공양한 것과 같은 공덕이 있습니다.

大(대)龍(용)淵(연)

此(차)上(상)過(과)佛(불)刹(찰)微(미)塵(진)數(수)世(세)界(계)

有(유)世(세)界(계)名(명)出(출)現(현)金(금)剛(강)座(좌)佛(불)號(호)

昇(승)師(사)子(자)座(좌)蓮(연)華(화)臺(대)此(차)上(상)過(과)佛(불)

刹(찰)微(미)塵(진)數(수)世(세)界(계)有(유)世(세)界(계)名(명)蓮(연)

華(화)勝(승)音(음)佛(불)號(호)智(지)光(광)普(보)開(개)悟(오)

此(차)上(상)過(과)佛(불)刹(찰)微(미)塵(진)數(수)世(세)界(계)

有(유)世(세)界(계)名(명)善(선)慣(관)習(습)佛(불)號(호)持(지)地(지)

妙(묘)光(광)王(왕)此(차)上(상)過(과)佛(불)刹(찰)微(미)塵(진)數(수)

世(세)界(계)有(유)世(세)界(계)名(명)喜(희)樂(락)音(음)佛(불)號(호)

法(법)燈(등)王(왕)

此(차)上(상)過(과)佛(불)刹(찰)微(미)塵(진)數(수)世(세)界(계)

有(유)世(세)界(계)名(명)摩(마)尼(니)藏(장)因(인)陀(다)羅(라)網(망)

佛(불)號(호)不(불)空(공)見(견)此(차)上(상)過(과)佛(불)刹(찰)微(미)

塵(진) 數(수) 世(세) 界(계) 有(유) 世(세) 界(계) 名(명) 衆(중) 妙(묘) 地(지)

藏(장) 佛(불) 號(호) 焰(염) 身(신) 幢(당)

此(차) 上(상) 過(과) 佛(불) 刹(찰) 微(미) 塵(진) 數(수) 世(세) 界(계)

有(유) 世(세) 界(계) 名(명) 金(금) 光(광) 輪(륜) 佛(불) 號(호) 淨(정) 治(치)

衆(중) 生(생) 行(행) 此(차) 上(상) 過(과) 佛(불) 刹(찰) 微(미) 塵(진) 數(수)

世(세) 界(계) 有(유) 世(세) 界(계) 名(명) 須(수) 彌(미) 山(산) 莊(장) 嚴(엄)

佛(불) 號(호) 一(일) 切(체) 功(공) 德(덕) 雲(운) 普(보) 照(조)

사경의 공덕은 십만억 부처님께 공양한 것과 같은 공덕이 있습니다.

此(차)上(상)過(과)佛(불)刹(찰)微(미)塵(진)數(수)世(세)界(계)
有(유)世(세)界(계)名(명)衆(중)樹(수)形(형)佛(불)號(호)寶(보)華(화)
相(상)淨(정)月(월)覺(각)此(차)上(상)過(과)佛(불)刹(찰)微(미)塵(진)
數(수)世(세)界(계)有(유)世(세)界(계)名(명)無(무)怖(포)畏(외)佛(불)
號(호)最(최)勝(승)金(금)光(광)炬(거)
此(차)上(상)過(과)佛(불)刹(찰)微(미)塵(진)數(수)世(세)界(계)
有(유)世(세)界(계)名(명)大(대)名(명)稱(칭)龍(룡)王(왕)幢(당)佛(불)

塵 진	寶 보	有 유		摩 마	微 미	號 호
數 수	蓋 개	世 세	此 차	尼 니	塵 진	觀 관
世 세	光 광	界 계	上 상	色 색	數 수	等 등
界 계	徧 변	名 명	過 과	佛 불	世 세	一 일
有 유	照 조	光 광	佛 불	號 호	界 계	切 체
世 세	此 차	焰 염	刹 찰	變 변	有 유	法 법
界 계	上 상	燈 등	微 미	化 화	世 세	此 차
名 명	過 과	莊 장	塵 진	日 일	界 계	上 상
香 향	佛 불	嚴 엄	數 수		名 명	過 과
光 광	刹 찰	佛 불	世 세		示 시	佛 불
雲 운	微 미	號 호	界 계		現 현	刹 찰

佛號思惟慧 (불호사유혜)
此上過佛刹微塵數世界 (차상과불찰미진수세계)
有世界名無怨讐佛號精進 (유세계명무원수불호정진)
勝慧海此上過佛刹微塵數 (승혜해차상과불찰미진수)
世界有世界名一切莊嚴具 (세계유세계명일체장엄구)
光明幢佛號普現悅意蓮華 (광명당불호보현열의연화)
自在王 (자재왕)

眼(안)	界(계)	覆(부)	切(체)	月(월)	有(유)	
	圍(위)	其(기)	莊(장)	依(의)	世(세)	此(차)
	遶(요)	上(상)	嚴(엄)	須(수)	界(계)	上(상)
	純(순)	二(이)	熾(치)	彌(미)	名(명)	過(과)
	一(일)	十(십)	盛(성)	山(산)	毫(호)	佛(불)
	淸(청)	佛(불)	光(광)	摩(마)	相(상)	刹(찰)
	淨(정)	刹(찰)	摩(마)	尼(니)	莊(장)	微(미)
	佛(불)	微(미)	尼(니)	華(화)	嚴(엄)	塵(진)
	號(호)	塵(진)	王(왕)	海(해)	形(형)	數(수)
	淸(청)	數(수)	雲(운)	住(주)	如(여)	世(세)
	淨(정)	世(세)	彌(미)	一(일)	半(반)	界(계)

사경의 공덕은 십만억 부처님께 공양한 것과 같은 공덕이 있습니다.

依 의	月 월		普 보	寶 보	海 해	
一 일	光 광	此 차	示 시	堞 첩	右 우	諸 제
切 체	焰 염	中 중	一 일	世 세	旋 선	佛 불
寶 보	輪 륜	最 최	切 체	界 계	次 차	子 자
莊 장	形 형	下 하	平 평	種 종	有 유	此 차
嚴 엄	如 여	方 방	等 등	名 명	香 향	金 금
華 화	一 일	有 유	法 법	燈 등	水 수	剛 강
海 해	切 체	世 세	輪 륜	焰 염	海 해	寶 보
住 주	莊 장	界 계	音 음	光 광	名 명	聚 취
瑠 유	嚴 엄	名 명	爲 위	明 명	天 천	香 향
璃 리	具 구	寶 보	體 체	以 이	城 성	水 수

數 수	盡 진	有 유		佛 불	微 미	色 색
世 세	法 법	世 세	此 차	號 호	塵 진	師 사
界 계	寶 보	界 계	上 상	日 일	數 수	子 자
有 유	幢 당	名 명	過 과	月 월	世 세	座 좌
世 세	此 차	須 수	佛 불	自 자	界 계	雲 운
界 계	上 상	彌 미	刹 찰	在 재	圍 위	而 이
名 명	過 과	寶 보	微 미	光 광	遶 요	覆 부
衆 중	佛 불	光 광	塵 진		純 순	其 기
妙 묘	刹 찰	佛 불	數 수		一 일	上 상
光 광	微 미	號 호	世 세		清 청	佛 불
明 명	塵 진	無 무	界 계		淨 정	刹 찰

사경의 공덕은 십만억 부처님께 공양한 것과 같은 공덕이 있습니다.

幢佛號大華聚
당불호대화취

此上過佛刹微塵數世界
차상과불찰미진수세계

有世界名摩尼光明華佛號
유세계명마니광명화불호

人中最自在此上過佛刹微
인중최자재차상과불찰미

塵數世界有世界名普音佛
진수세계유세계명보음불

號一切智徧照
호일체지변조

此上過佛刹微塵數世界
차상과불찰미진수세계

有世界名大樹緊那羅音佛
유세계명대수긴나라음불

號無量福德自在龍此上過
호무량복덕자재용차상과

佛刹微塵數世界有世界名
불찰미진수세계유세계명

無邊淨光明佛號功德寶華
무변정광명불호공덕보화

光
광

此上過佛刹微塵數世界
차상과불찰미진수세계

有世界名最勝音佛號一切
유세계명최승음불호일체

智(지) 莊(장) 嚴(엄) 此(차) 上(상) 過(과) 佛(불) 刹(찰) 微(미) 塵(진) 數(수)

世(세) 界(계) 有(유) 世(세) 界(계) 名(명) 衆(중) 寶(보) 間(간) 飾(식) 佛(불)

號(호) 寶(보) 焰(염) 須(수) 彌(미) 山(산)

此(차) 上(상) 過(과) 佛(불) 刹(찰) 微(미) 塵(진) 數(수) 世(세) 界(계)

有(유) 世(세) 界(계) 名(명) 清(청) 淨(정) 須(수) 彌(미) 音(음) 佛(불) 號(호)

出(출) 現(현) 一(일) 切(체) 行(행) 光(광) 明(명) 此(차) 上(상) 過(과) 佛(불)

刹(찰) 微(미) 塵(진) 數(수) 世(세) 界(계) 有(유) 世(세) 界(계) 名(명) 香(향)

水蓋佛號一切波羅密無礙 (수개불호일체바라밀무애)

海 (해)

此上過佛刹微塵數世界 (차상과불찰미진수세계)

有世界名師子華網佛號寶 (유세계명사자화망불호보)

焰幢此上過佛刹微塵數世 (염당차상과불찰미진수세)

界有世界名金剛妙華燈佛 (계유세계명금강묘화등불)

號一切大願光 (호일체대원광)

	慧 혜	名 명	過 과	號 호	有 유	
此 차	光 광	眞 진	佛 불	一 일	世 세	此 차
上 상	明 명	珠 주	刹 찰	切 체	界 계	上 상
過 과	網 망	末 말	微 미	法 법	名 명	過 과
佛 불		平 평	塵 진	廣 광	一 일	佛 불
刹 찰		坦 탄	數 수	大 대	切 체	刹 찰
微 미		莊 장	世 세	眞 진	法 법	微 미
塵 진		嚴 엄	界 계	實 실	光 광	塵 진
數 수		佛 불	有 유	義 의	明 명	數 수
世 세		號 호	世 세	此 차	地 지	世 세
界 계		勝 승	界 계	上 상	佛 불	界 계

有世界名琉璃華佛號寶積
유세계명유리화불호보적

幢此上過佛刹微塵數世界
당차상과불찰미진수세계

有世界名無量妙光輪佛號
유세계명무량묘광륜불호

大威力智海藏
대위력지해장

此上過佛刹微塵數世界
차상과불찰미진수세계

有世界名明見十方佛號淨
유세계명명견시방불호정

修一切功德幢
수일체공덕당

此上過佛刹微塵數世界 (차상과불찰미진수세계)

有世界名可愛樂梵音形如 (유세계명가애락범음형여)

佛手依寶光網海住菩薩身 (불수의보광망해주보살신)

一切莊嚴雲彌覆其上二十 (일체장엄운미부기상이십)

佛刹微塵數世界圍遶純一 (불찰미진수세계위요순일)

淸淨佛號普照法界無礙光 (청정불호보조법계무애광)

사경의 공덕은 십만억 부처님께 공양한 것과 같은 공덕이 있습니다.

發 願 文

귀의 삼보하옵고

거룩하신 부처님께 발원하옵나이다.

주　소 : ____________________

전　화 : ____________ 불명 : ________ 성명 : ________

불기 25______ 년 ______ 월 ______ 일